Neue ...derhafte ...ideen

Isolde Kiskalt

Neue zauberhafte

Salzteig-Ideen

FALKEN VERLAG

All denen gewidmet, die mich bei meiner Arbeit zu diesem Buch unterstützt haben.

Von der Autorin ist bisher in der Falken-Bücherei das Buch »HOBBY SALZTEIG« erschienen.

CIP-Kurztitelaufnahme der Deutschen Bibliothek

Kiskalt, Isolde:
Neue zauberhafte Salzteigideen / von Isolde Kiskalt. [Fotos: Fotostudio Burock. Zeichn.: Vera Wilde]. – Niedernhausen/Ts.: Falken-Verlag, 1984.
  (Falken-Bücherei)
  ISBN 3-8068-0719-1

ISBN 3 8068 0719 1

© 1984 by Falken-Verlag GmbH, 6272 Niedernhausen/Ts.
Titelbild: Fotostudio Burock
Fotos: Fotostudio Burock
Zeichnungen: Vera Wilde
Satz: H. G. Gachet & Co., Langen
Druck: Appl, Wemding

817 2635 4453

Inhalt

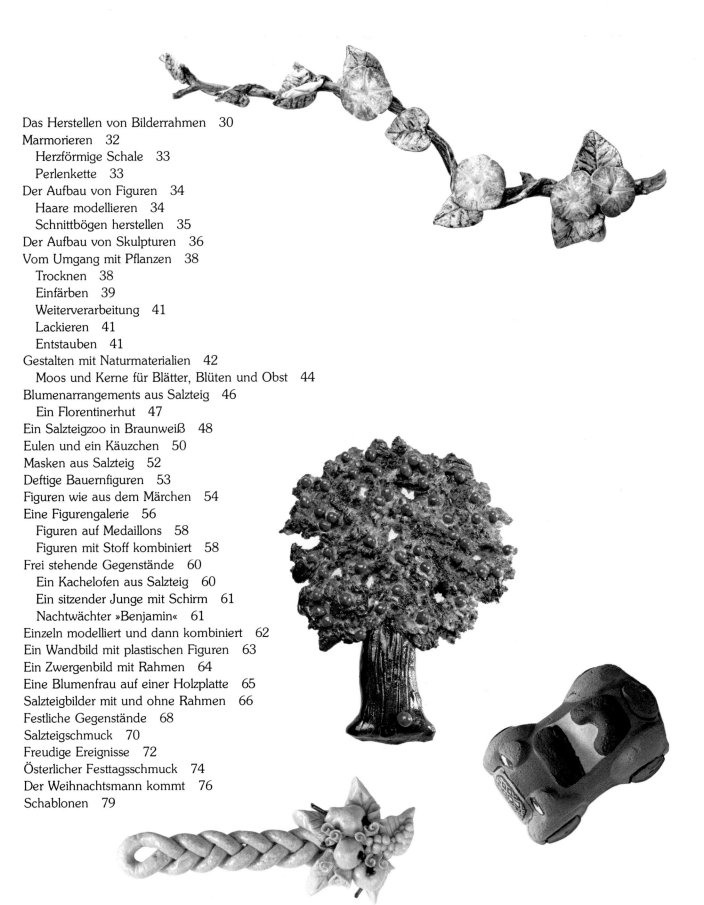

Einleitung

Als ich begann, aus Salzteig schöne Dinge zu modellieren, habe ich nicht geahnt, daß mich dieses Thema einmal so sehr begeistern würde.

Meine Familie hat mich bei meinem Hobby sehr unterstützt und empfindet mein kreatives Wirken als wertvolle Bereicherung des Alltags.

Ich bin davon überzeugt, daß in vielen Menschen künstlerische Fähigkeiten unerkannt schlummern, die nur darauf warten, geweckt zu werden.

Das merke ich besonders während meiner Kurse an der Volkshochschule, bei denen ich die handwerkliche Fertigkeit und den geschichtlichen Hintergrund dieser alten Volkskunst vermittle.

Ich freue mich, daß ich meine Kursteilnehmer(-innen) zu eigenem kreativen Gestalten anregen kann.

Man sollte sich bewußt sein, daß mit diesem Hobby eine alte Volkskunst wieder auflebt, die es wert ist, gepflegt zu werden. Gerade in unserer technisierten Welt sehnt man sich nach schöpferischem Gestalten. Obwohl technische Entwicklungen erforderlich sind, sollte auch das alte Brauchtum seinen Wert behalten.

Frankfurt am Main, April 1984

Isolde Kiskalt

Die Geschichte des Salzteigs

Es ist ein uralter Brauch, aus Teig (Mehl, Salz und Wasser) religiöse und volkstümliche Themen zu gestalten.

Schon die alten Ägypter, Griechen und Römer huldigten mit Teigfiguren ihren Göttern.

Als im 19. Jahrhundert in Deutschland der Tannenbaum zum Mittelpunkt des Weihnachtsfestes wurde, stellten arme Leute aus *Brotteig* den Weihnachtsschmuck her.

Um ihn vor Mäuseverzehr und Ungeziefer zu schützen, gab man dem Teig eine besonders große Menge Salz bei — es entstand der *Salzteig*.

Während des ersten Weltkrieges und auch danach wurde das Modellieren mit Salzteig unmöglich, da es zu dieser Zeit kein Salz gab. Die Kunst des Salzteig-Formens ging nahezu verloren.

Vor etwa 20 Jahren ist diese alte Volkskunst wiederentdeckt worden und hat zur Zeit einen beachtlichen Liebhaberkreis gewonnen.

Die Teigverarbeitung

Salzteigrezepte

Die bekannten Teigmischungen sind sehr unterschiedlich. Viele schwören auf Hinzugabe von Tapetenkleister. Andere geben ein wenig Speiseöl oder Glyzerin in den Teig.

Es ist am wichtigsten, daß man eine Mischung herausfindet, mit der man selber am besten modellieren kann.

Beim Kochen und Backen ist es doch auch so, daß jeder *sein* spezielles Rezept hat, mit dem die Speisen gut gelingen.

Zur Information:

        1 Tasse Mehl = etwa 100 g Mehl
aber: 1 Tasse Salz = etwa 200 g Salz

Kleine Medaillons kann man vielfältig gestalten.

Wahlweise können sie bemalt, naturbelassen oder mit gefärbtem Teig gestaltet werden.

Salzteig für einfache Modelle	Feiner Salzteig für Filigranarbeiten	Geschmeidiger Salzteig zum Lufttrocknen
200 g Mehl	200 g Mehl	200 g Mehl
200 g Salz	200 g Salz	200 g Salz
125 ccm Wasser	100 g *Kartoffelstärke*	2 EL *Tapetenkleister*
	150 ccm Wasser	125 ccm Wasser

Wie fein man mit Salzteig modellieren kann, zeigen diese Mini-Modelle. Sie sind fast in der Originalgröße abgebildet.

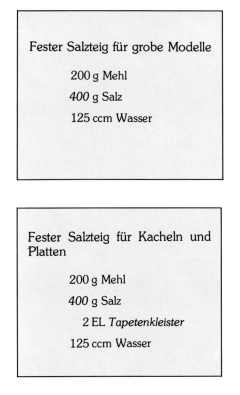

Fester Salzteig für grobe Modelle

200 g Mehl

400 g Salz

125 ccm Wasser

Fester Salzteig für Kacheln und Platten

200 g Mehl

400 g Salz

2 EL *Tapetenkleister*

125 ccm Wasser

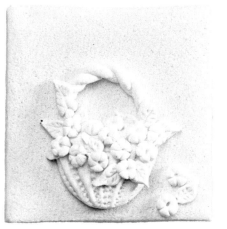

HINWEIS: Bei Teigmischungen mit Tapetenkleister nimmt man 2 EL fertig angerührten Kleister und mischt ihn unter den Teig.

WICHTIG: Beim Modellieren muß der Teig zugedeckt auf dem Arbeitsplatz zur Verfügung stehen. Er trocknet sehr schnell an, wenn er an der Luft steht.

TIP: Teigreste werden in einem geschlossenen Gefäß an einem kühlen Ort aufbewahrt.

Helfer zum Kneten

Wenn man viel beziehungsweise oft Salzteig herstellt, ist das eine mühsame Arbeit, die unter Umständen die Handgelenke und Arme sehr strapaziert.

Wenn man ein elektrisches Handrührgerät oder eine Küchenmaschine mit Knethaken benutzt, kann man sich die mechanische Bearbeitung des Salzteiges wesentlich erleichtern.

Die Verarbeitung mit den Maschinen geht wesentlich schneller und intensiver als mit den Händen.

HINWEIS: Man sollte mit den üblichen Haushaltsmaschinen nur kleine Teigmengen verarbeiten, sonst werden die Maschinen heiß. (Die Gebrauchsanweisung der Geräte durchlesen.)

Die Teigverarbeitung

Es werden unzählige Mehlsorten der Type 405 angeboten, die regional sehr unterschiedlich sind.

Aus der Bezeichnung »Type 405« kann man nicht den Stärkeanteil des Mehls erkennen.

Type 405 ist der Ausmahlungsgrad und besagt, daß 405 mg Mineralien beim Verbrennungstest in der Asche zurückgeblieben sind.

Bei einer Teigmischung von

> 200 g Mehl
> 200 g Salz
> 125 ccm Wasser

sollte der Wasseranteil die angegebene Menge nicht wesentlich überschreiten.

Wenn man bei dem obigen Rezept die doppelte Menge Wasser zur Verarbeitung benötigt, ist dieses Mehl für die Salzteigherstellung ungeeignet. Man kann durch Zugabe von Kartoffelstärke oder sonstigen Speisestärken das Mehl für die Salzteigverarbeitung verbessern.

TIP: Für die Salzteigverarbeitung sollte man Mehlarten verwenden, die wenig Wasser für eine gute Teigmischung benötigen. Das bedeutet, daß sie einen hohen Stärkeanteil haben.

HINWEIS: Bei Mehlarten, die viel Wasser zur Verarbeitung benötigen, geht der Teig beim Trocknen im Backofen sehr stark auf, was später zu Spannungen und Rissen führt.

Zwei nützliche Hilfen beim Kneten sind die Küchenmaschine oder ein elektrisches Handrührgerät.

Bei diesem auseinandergesägten Objekt ist deutlich zu erkennen, daß das Modell zu schnell auf hohe Temperaturen gebracht wurde: Der Teig geht auf, es bilden sich Luftblasen, die später zu Rissen führen.

Teigaufbewahrung

Am günstigsten ist es, wenn man nur so viel Teig herstellt, wie man verarbeiten kann, da sich frischer Teig am besten modellieren läßt. Teigreste können luftdicht in Plastikbehälter oder Alufolie aufbewahrt werden.

An einem kühlen Platz – nicht im Kühlschrank – hält sich der Teig einige Tage frisch und kann vor der Weiterverarbeitung bei Bedarf erneut mit Mehl und Salz vermengt werden.

Zusammenfügen von Modellteilen – Anschlickern

Normalerweise reicht es aus, wenn man beim Modellieren mit frischem Teig die Teile, die man zusammenfügen möchte, an der Nahtstelle mit etwas Wasser befeuchtet und sie dann zusammenfügt.

Nun gibt es aber auch Objekte, die in mehreren Arbeitsgängen entstehen, wobei auf bereits getrockneten Teilen weitermodelliert werden soll. Befeuchtet man diese Teile wie üblich nur mit etwas Wasser, um sie zusammenzufügen, lösen sich die angesetzten Teile nach dem Trocknungsvorgang wieder ab.

Damit man bereits getrocknete und feuchte Teile zusammenfügen kann, wird ein spezielles Klebematerial benutzt:
Man verwendet statt Wasser frischen »Salzteigbrei« (Schlicker), das heißt, aus etwas Teig wird durch Hinzugabe von Wasser ein Brei mit einem Modellierstäbchen angerührt (kleine Menge) und als Klebematerial benutzt.

Reparieren von getrockneten Modellen

Auch aus getrockneten Salzteigresten (luftgetrocknet) läßt sich Schlicker herstellen, indem man Salzteigkrümel mit einem Mörser oder einem ähnlichen Gegenstand zu feinem Pulver zerstößt und mit etwas Wasser zu einem Brei verarbeitet.

Beispielsweise kann man diese Methode sehr gut anwenden, wenn von einem getrockneten Objekt Teile abgebrochen sind, die man nicht mehr verwenden kann. Mit diesem speziellen Schlicker können die fehlenden Teile ersetzt beziehungsweise wieder zusammengefügt werden.

Allgemeines

– Modelliert man auf Alufolie und gibt das Modell auf der Folie in den Ofen, so benötigt die Unterseite eine wesentlich längere Trocknungszeit.
– Alufolie läßt sich sehr gut verwenden, um Teile abzudecken, die beim Bräunen zu dunkel werden, beispielsweise Blätter auf einem Kranz.

Getrocknete Salzteigkrümel werden in einem Mörser zu feinem Pulver zerstoßen.

Die defekten Beine des Schafes werden durch neu modellierte ersetzt und mit Schlicker an der Bruchstelle verbunden.

HINWEIS: Schlickert man bei braunen oder bemalten Teilen an, bzw. bessert sie aus, so muß man nach dem Trocknen versuchen, die entsprechende Farbgebung durch Übermalen wieder herzustellen.

TIP: Alte Salzteigreste können aufgehoben und getrocknet werden. Sie können zum Anschlickern wieder verwendet werden.

Trocknen und Backen

Lufttrocknen

Diese Methode ist besonders für dicke Modelle geeignet, um Energie zu sparen. Allerdings dauert es je nach Dicke des Modells einige Wochen.

Luftgetrocknete Objekte können auch noch nach Wochen gebräunt werden.

Bei angetrockneten Kränzen, die im Ofen fertig gebacken werden sollen, muß man erst mit niedriger Temperatur beginnen, da sonst der innere Druck zu hoch wird und die Modelle platzen.

TIP: Bei luftgetrockneten (noch nicht gebräunten) Modellen entstehen an der Unterseite Löcher. Sie werden durch den Feuchtigkeitsschwund hervorgerufen.

Diese Löcher kann man mit frischem Teig oder dickem Schlicker (Salzteigbrei) wieder schließen – vorher die Stellen befeuchten.

HINWEIS: Bei Modellen, die nur luftgetrocknet werden sollen, empfiehlt es sich, Tapetenkleister unter den Teig zu mischen, damit eine bessere Festigkeit gewährleistet ist, da der Stärkeanteil im Mehl erst bei 70°C und dann nur in Verbindung mit Wasser zur Wirkung kommt.

WICHTIG: *Dünne Modelle* sollten entweder *ganz luftgetrocknet* oder *nur im Ofen* gebacken werden. Bei kombiniertem Trocknen (Luft – Ofen) entstehen in flachen Modellen Spannungen, die später zu Rissen führen.

Trocknen im Gasherd

Da Erdgas einen hohen Feuchtigkeitsgrad hat, trocknen Salzteigmodelle an der Oberfläche nur langsam an, und die Innenfeuchtigkeit des Modelles kann gut entweichen. Man reguliert die nicht einstellbare niedrige Temperatur – im Gegensatz zum Elektroherd – durch leichtes Öffnen der Ofentür.

Der Trocknungsvorgang beispielsweise bei einem Baum:

1. Stunde: halboffene Ofentür bei niedrigster Temperatur

2. Stunde: vierteloffene Ofentür bei niedrigster Temperatur

3. Stunde: geschlossene Ofentür bei niedrigster Temperatur.

Zum Bräunen wird auf 200°C hochgeschaltet und der Bräunungsgrad überwacht.

HINWEIS: Durch die langsame Oberflächenverkrustung entweicht die Feuchtigkeit schneller. Die Modelle brauchen nur die halbe Backzeit im Vergleich zum Elektroherd.

Trocknen im Elektroherd mit oder ohne Ober- und Unterhitze

Beide Herdarten sind gleich gut geeignet für das Trocknen bzw. Backen von Salzteigmodellen.
Die wesentlichen Unterschiede liegen in der Benutzung von Weiß- oder Schwarzbackblechen, da sie bei gleicher Temperatureinstellung unterschiedliche Temperaturen annehmen.

Weißblech:
Pro 0,5 cm Dicke des Modells berechnet man zunächst eine Stunde bei 75°C. Beispielsweise bei 3 cm Dicke sind das 6 Stunden bei 75°C.

Zur Messung der Modelldicke nimmt man einen Schaschlikspieß und ein Meterband.

Anschließend folgen die Backzeiten bei 100°C, 125°C und 150°C. Sie werden *nicht* nach der Dicke des Modells bestimmt, sondern bleiben wie angegeben.

Daraus ergeben sich folgende Backzeiten:
Je nach Dicke des Modells:
. . . Stunden bei 75°C

Bei jedem Modell:
¹/₂ Stunde bei 100°C
¹/₂ Stunde bei 125°C
 1 Stunde bei 150°C

Nach Beendigung dieser Backzeit sollten die Salzteigmodelle durch und durch trocken sein. Man kann danach noch Bräunen bei 200°C.

HINWEIS: Den Bräunungsvorgang sollte man unbedingt überwachen, damit man den gewünschten Bräunungsgrad erreicht.

WICHTIG: Bei *Schwarzblechen* muß man die oben angegebenen Temperaturen jeweils 25°C niedriger einstellen.

Trocknen im Umluftherd (Heißluftherd)

Im Umluftherd wird die Oberfläche schneller trocken als bei anderen Trocknungsverfahren. Das kann unter Umständen sehr nützlich sein, wenn man bei dickeren Modellen weitermodellieren möchte, jedoch die Konturen erst gefestigt werden sollen.
Für den allgemeinen Trocknungsvorgang ist mit der Verkrustung der Oberfläche erst einmal der Trocknungsprozeß auf der Oberfläche gestoppt. Die Austrocknung des Modells geht ab diesem Zeitpunkt nur noch langsam voran.

Fazit:
Im Umluftherd kann der Trocknungsvorgang länger dauern als im Elektroherd (mit oder ohne Ober- und Unterhitze).

Stromverbrauch:
Die Temperatur ist zwar niedriger als im herkömmlichen Elektroherd, dafür muß man jedoch mit einer längeren Backzeit rechnen. Eine wesentliche Stromersparnis erreicht man nur, wenn mehrere Backbleche zur gleichen Zeit im Ofen trocknen können.

HINWEIS: Ein Mikrowellengerät ist für die Salzteigtrocknung ungeeignet. Bei Versuchen an unterschiedlichen Geräten ist der Teig immer stark aufgegangen und fiel dann in sich zusammen.

Mit Farben spielen

Es ist eine Geschmacksfrage welche Farbtöne man zum Bemalen seiner Modelle aussucht bzw. untereinander mischt.
Auf den abgebildeten »Farbkränzchen« wird gezeigt, wie man mit Wasserfarben eine Grundfarbe zu helleren und dunkleren Tönen färben kann.

Die Farben wurden wie folgt gemischt:

Grundfarbe und Weiß = Pastellfarbe

Grundfarbe ohne Beimischung

Grundfarbe und die nächst dunklere der gleichen Farbe

Grundfarbe und gebrannte Umbra (Braun) = gedeckter Farbton.

HINWEIS: Salzteigmodelle, die man bemalen möchte, sollten vorher mit Weiß (Dispersionsfarbe oder sonstiges) grundiert werden. Erst nach dem Trocknen der Grundierung darf man weiter bemalen

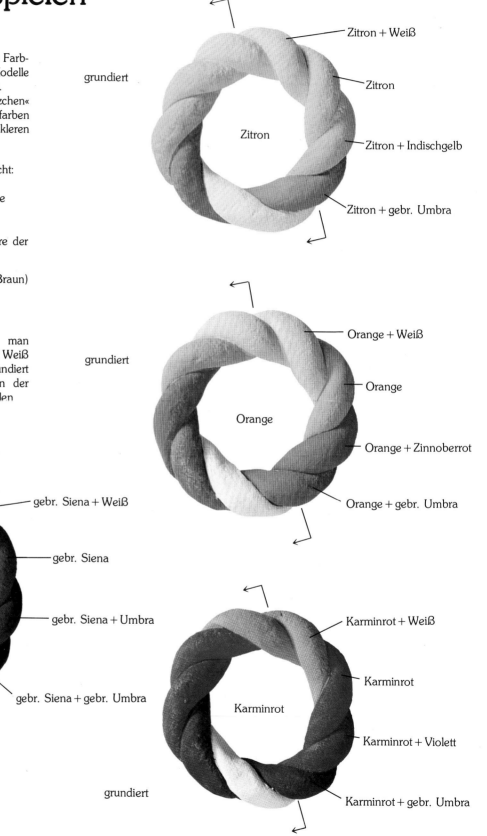

grundiert

Zitron + Weiß

Zitron

Zitron

Zitron + Indischgelb

Zitron + gebr. Umbra

grundiert

Orange + Weiß

Orange

Orange

Orange + Zinnoberrot

Orange + gebr. Umbra

grundiert

gebr. Siena + Weiß

gebr. Siena

gebr. Siena

gebr. Siena + Umbra

gebr. Siena + gebr. Umbra

Karminrot + Weiß

Karminrot

Karminrot

Karminrot + Violett

Karminrot + gebr. Umbra

grundiert

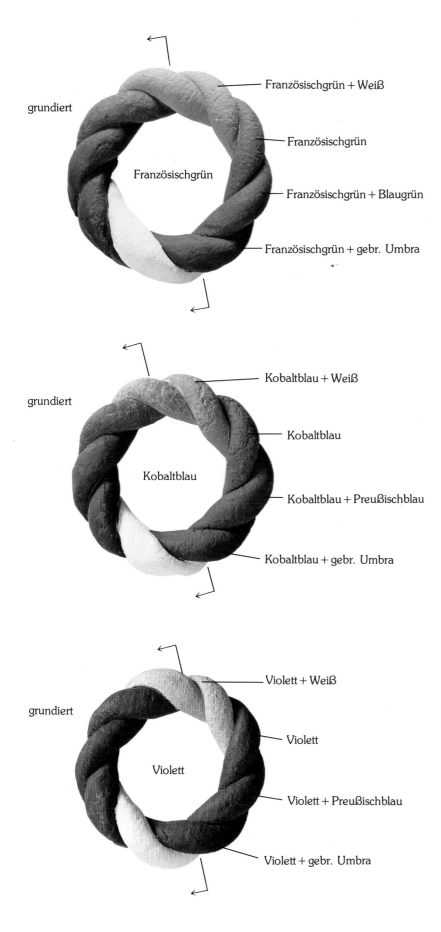

grundiert

Französischgrün + Weiß

Französischgrün

Französischgrün

Französischgrün + Blaugrün

Französischgrün + gebr. Umbra

grundiert

Kobaltblau + Weiß

Kobaltblau

Kobaltblau

Kobaltblau + Preußischblau

Kobaltblau + gebr. Umbra

grundiert

Violett + Weiß

Violett

Violett

Violett + Preußischblau

Violett + gebr. Umbra

Mit Klarlack lackieren

Man sollte die ausgekühlten, trockenen Teile von allen Seiten lackieren. Gut lackierte Modelle halten sich über viele Jahre, unter Umständen kann man nach einiger Zeit noch einmal einen zusätzlichen Lackanstrich auftragen.

Dünnflüssige Lacke, die im Glas, in der Dose oder auch als Spray angeboten werden, eignen sich für den Oberflächenschutz nicht so sehr, da sie in das Modell zu schnell einziehen und erst nach mehrmaligem Überpinseln oder Übersprühen eine leichte Schutzschicht bilden, die aber nicht von Dauer ist.

Dagegen bieten die etwas dickeren Klarlacke – bei zweimaligem Anstrich von jeder Seite – einen wesentlich besseren Schutz. Zu empfehlen sind die Klarlacke mit der Bezeichnung Kunstharzlack, Bootslack und Parkettversieglungslack.

Sie werden in matt, seidenmatt oder glänzend angeboten.

15

Verschiedene Gestaltungstechniken

Schablonen anfertigen

Mit Schablonen arbeiten besagt nicht, daß man nicht fähig ist, kreativ zu arbeiten. Fängt man mit dem Modellieren an, können vorgegebene Schablonen eine große Hilfe zum Einsteigen in das Hobby sein – während die selbst angefertigten Schablonen im fortgeschrittenen Stadium eine Arbeitshilfe für ein kompliziertes Modell darstellen.

Man kann die Schablonen beispielsweise in einer Klarsichthülle sammeln, wenn man die Salzteigmodelle häufig verschenkt. Ein späteres Nachmodellieren eines bestimmten Modells ist ohne Schablone doch erschwert. (»Wie groß war es?« – »Wie hatte ich die Aufteilung der Ornamente arrangiert?« usw.)

Beschichtete Tortenpappe eignet sich gut, um Schablonen herzustellen:

Man zeichnet auf die nicht beschichtete Seite den gewünschten Grundriß auf und schneidet ihn aus.

TIP: Je nach Modell kann man eine rechte und eine linke Seite herstellen, beispielsweise für die Flügel eines Schmetterlings. Mit der beschichteten Seite wird die Schablone auf den ausgerollten Teig gelegt und mit einem spitzen Messer am Rand entlang ausgeschnitten.

Bei dem Schmetterling kann ein rechter und ein linker Flügel aufgezeichnet und ausgeschnitten werden.

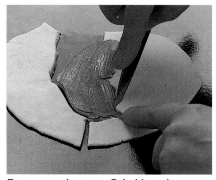

Die ausgeschnittene Schablone legt man auf den ausgerollten Teig und schneidet sie mit einem spitzen Küchenmesser aus.

Die fertig getrockneten Flügel werden schräg an den Körper anmodelliert und mit einem langen Pappstreifen unterstützt.

Schlingen

Beim Schlingen legt man zwei gleich lange und gleich dicke Teigstränge in der Mitte über Kreuz und dreht sie jeweils nach außen.

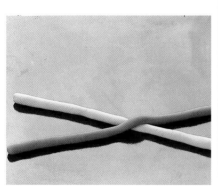

Um beim Schließen des Kranzes gleichmäßig dicke Teigstränge zu haben, beginnt man von der Mitte aus.

Zum Schließen wird auf jeder Seite der unten liegende Teigstrang abgeschnitten.

Die beiden Enden sind so aneinandergelegt, daß man die Nahtstelle nicht mehr sieht.

Flechten

Zum Flechten nimmt man drei gleich lange und gleich dicke Teigstränge. Für kurzes Geflecht kann man an einer Seite anfangen und zur anderen Seite hin arbeiten.

Bei langen Zöpfen wird von der Mitte aus geflochten, um zu verhindern, daß die Stränge sich durch die Verarbeitung in die Länge ziehen und dadurch nur an einer Seite dünner werden. Schließt man zu einem Kranz, hat man sonst ein dickes und ein dünnes Ende zu verbinden.

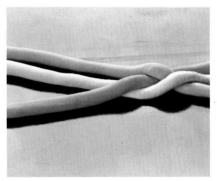

Die Teigstränge werden auf der rechten Seite aufeinandergelegt.

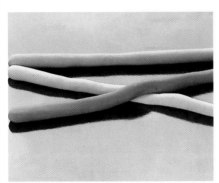

Zur besseren Übersicht wurden die drei Teigstränge farblich gekennzeichnet.

Die Teigstränge werden auf der linken Seite untereinandergelegt.

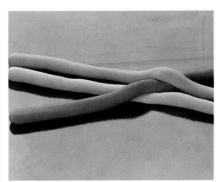

Auch beim Flechten ist es ratsam, von der Mitte aus zu arbeiten.

Der Kranz wird nach dem gleichen Verfahren wie beim geschlungenen Kranz geschlossen. Auch hier gehen die Teigstränge nahtlos ineinander über.

HINWEIS: Beim Flechten von der Mitte aus ist zu beachten, daß man auf der einen Seite die Teigstränge aufeinander legt, während man in der anderen Richtung die Teigstränge untereinander legt.

Die Kreta-Struktur

Eine besonders schöne Art der Gestaltung von Gebildbrot kennt man auf Kreta, wo man Hochzeitskränze und andere symbolische Modelle formt.

Mit Hilfe von verschiedenen Kämmen und Marzipankneifer werden interessante Muster hergestellt. (Auf Kreta wird mit Brotteig modelliert.)

Der Kamm wird mit der flachen Seite auf die Scheibe gedrückt. Man kann die Scheibe in verschiedene Formen legen.

Mit einem grobzinkigen Kamm werden kleine Löcher in die Blätter gestochen. – Mit dem Marzipankneifer entstehen Doppelreihen.

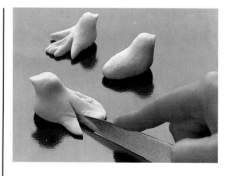

Die Flügel bekommen durch einen Kamm ihre Struktur. Der Schwanz kann mit einem Kamm strukturiert oder mit einem Messer eingeschnitten werden.

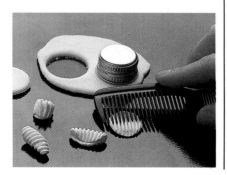

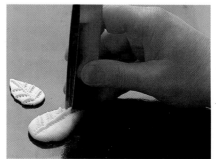

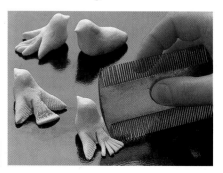

Korbmuster

Durch verschiedene Hilfsmittel kann man unterschiedliche Korbstrukturen gestalten.

Eine kleine Korbstruktur erhält man mit einer spitzen Pinzette.

Mit einem Modellierstäbchen werden ganz feine Linien in den Teig gedrückt.

Dieses Muster kann man durch aneinanderdrücken von zwei Gabeln bekommen.

Mit einem Marzipankneifer wird der Teig zusammengedrückt.

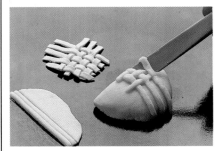

Durch Teigstreifen wird das Korbmuster »gewebt«.

Das Herstellen von groben und feinen Strukturen

Mit Hilfe verschiedener Utensilien, die man im Haushalt findet, kann man unterschiedliche Oberflächen gestalten.

FEINER RAUHPUTZ

Mit einem Schaschlikspieß wird die Oberfläche gleichmäßig fein aufgerauht.

GROBER RAUHPUTZ

Von einem Teigstück werden ungleichmäßig große Teigstücke abgezupft.

Den feinen Rauhputz kann man für Gras, Haare oder Kamine verwenden.

Der grobe Rauhputz gibt einer Baumkrone ein natürliches Aussehen. Auch für Grasflächen ist er geeignet.

Durch grobe Spitze oder Gardine, die in den Teig gedrückt wird, entsteht dieses »Spitzenmuster«.

Ein gutmütiger Bobtail erhält sein Fell mit Hilfe einer Knoblauchpresse.

Die Haare der Maske und das Fell des Schäfchens werden ebenfalls mit einer Knoblauchpresse strukturiert.

Feine Teigfäden, die mit Hilfe eines Teesiebs entstehen, kann man als Fell, Haare und ähnliches verwenden.

Für größere Modelle kann man die Knoblauchpressen-Teigstränge als Fell oder Haare verwenden.

Man kann durch Einkerben des Teigs mit einem Messer schöne Holzmaserungseffekte erzielen.

Das Herstellen von feinen Blüten

Man kann mit Salzteig auch filigran, also ganz fein arbeiten. Dazu bereitet man einen feinen Salzteig – siehe Rezept.
Wie groß oder klein man die Rosen modelliert, hängt von der Fingerfertigkeit ab und ist im wesentlichen Übungssache.

BLÜTEN UND BLÄTTER

Drückt man den Teig flach aus, kann man feine Blätter formen. Durch Einkerben mit einem Modellierstäbchen kann man die Blüten gestalten.

ECKIGE BLÜTEN

Mit einem kleinen Förmchen sticht man die Blume aus, schneidet zwischen jedem Blatt ein und legt die Blattspitzen um einen Schaschlikspieß.

KUGELBLÜTEN

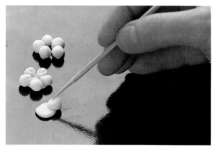

Legt man Teigkügelchen aneinander, kann man mit einem Schaschlikspieß entweder kleine Löcher hineinstechen oder kleine Kerben hineindrücken.

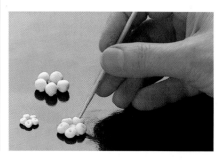

Die Rosenblätter wer-
den an den oberen
Rändern ganz dünn mit
den Fingern flachge-
drückt, vorsichtig von
der dickeren Seite mit
einem Messer gelöst
und dann zur Rose ge-
formt.

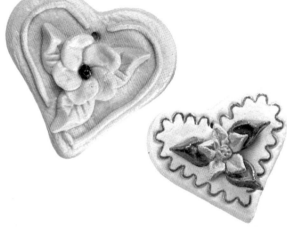

ZUSAMMENGESETZTE BLÜTEN

Kleine Blütenblätter können unterschiedlich zusammengestellt werden; man kann
sie ganz flach drücken oder an den
Spitzen dicker lassen.

ANEMONEN

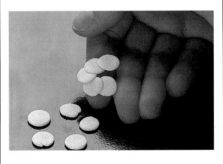

Anemonen werden aus fünf Scheiben,
die versetzt übereinandergelegt werden,
gestaltet. In die Mitte kann man ein
Teigkügelchen oder eine Wacholder-
beere setzen.

ROSEN

Je dünner man die Teigränder flach-
drückt, desto feiner werden die Röschen.
Man kann sie aus einem Teigband oder
einzelnen Blättchen gestalten.

Das Herstellen von Stacheln

Einen sehr schönen Effekt erreicht man, wenn man bei einem Igel Stacheln einschneidet oder einer Eule oder sonstigen Vögeln Federn gibt.

Man schneidet mit einer spitzen Schere (eventuell eine gebogene Schere verwenden) an den entsprechenden Stellen vorsichtig in den Teig schräg hinein.

Je nach Beschaffenheit des Teiges (Oberflächenspannung) stellen sich die geschnittenen Federn hoch. Da sie später aber leicht abbrechen, ist es ratsam, das Federkleid oder die Stacheln mit einem trockenen Pinsel ganz vorsichtig zu glätten beziehungsweise anzulegen. Es entsteht dadurch außerdem ein natürlicheres Aussehen.

Mit einer spitzen Schere werden die Stacheln eingeschnitten. Die Größe der Schere bestimmt die Größe der Stacheln.

Vorsichtig können die Stacheln mit einem trockenen Pinsel angelegt werden.

HINWEIS: Um die Backzeit (im Elektroherd) bei diesen Igeln zu verkürzen, werden sie auf Stützhütchen modelliert. Nach dem Auskühlen können sie wieder entfernt werden.

Das Herstellen von Stützhütchen

Zur Herstellung von Modellen, die in die Höhe gearbeitet werden sollen, fertigt man Stützhütchen aus beschichteter Tortenpappe an.

Die gewünschte Größe berechnet man folgendermaßen:

Höhe × 2 = Durchmesser des herzustellenden Kreises.

Beispiel: gewünschte Höhe = 6 cm − 6 × 2 = 12 cm Durchmesser.

Man muß also einen Kreis mit einem Durchmesser von 12 cm ausschneiden.

Mit einer Schere schneidet man bis in die Mitte des Kreises ein und schiebt die Pappe bis auf den gewünschten Umfang (Grundfläche) zusammen.

Mit Klebeband kann man von innen und außen dieses Hütchen zusammenkleben. Eventuell reicht auch die Hälfte des Schablonen-Kreises aus, man kann die übrige Hälfte für ein weiteres Stützhütchen verwenden.

Je nach Modell fertigt man ein hohes, spitzes, flaches oder breites Stützhütchen an.

Die Pappe wird über eine Messerklinge oder Schere gezogen, damit sie sich besser formen läßt.

TIP: Je nach Modell kann man das »Stützhütchen«, wenn das Objekt ganz trocken ist, wieder vorsichtig entfernen und ein weiteres Mal verwenden.

HINWEIS: Die Energie-Ersparnisse beim Trocknen sind ganz enorm durch die wesentlich kürzere Backzeit.

Hohle Salzteigmodelle

Das Aushöhlen

Wenn man dicke Modelle herstellt und den Trockenvorgang verkürzen möchte, kann man diese Modelle aushöhlen.

Damit die Modelle nicht am Backblech haften bleiben, stellt man sie auf Alufolie.

Nach etwa zwei Stunden Backzeit bei 50°C–75°C (Elektroherd) holt man die Teile aus dem Ofen. Man kann sie vorsichtig in die Hand legen (Topflappen!) und die Alufolie abziehen, um sie dann auszuhöhlen.

Der Außenmantel beziehungsweise die äußere Hülle sollte beim Aushöhlen schon eine getrocknete Dicke von etwa 2 mm haben, damit sie bei der Bearbeitung nicht so leicht deformiert werden kann.

Man kann mit einem Melonenausstecher vorsichtig einen Teil des inneren, feuchten Teiges herausholen. Es sollte eine Wand von 5 mm zurückbleiben.

Nachdem das Modell ganz ausgetrocknet und auch ausgekühlt ist, können die entstandenen Risse im Innern mit einem Kompaktkleber oder einem nicht zu flüssigen Kaltleim geschlossen werden.

Vorsichtig wird die Alufolie von dem feuchten Boden abgezogen.

Mit einem Melonenausstecher wird der Teig aus dem Inneren herausgeschält.

WICHTIG:
Bei diesem Verfahren muß man sehr vorsichtig arbeiten, da man sonst die Modelle zerdrückt.

TIP:
Günstiger ist es, bei dicken Modellen Stützhütchen zu verwenden.

HINWEIS:
Die Energie-Ersparnisse bei ausgehöhlten Modellen ist sehr groß – bis zur halben Trockenzeit! Das ist besonders bei den Elektroherden von Bedeutung.

Das Gestalten von Vasen

Man nimmt eine kleine Vase und verkleidet sie von außen ganz gleichmäßig mit Salzteig – unter Aussparung des Bodens.

Um den Salzteig nach dem Backvorgang wieder von der Vase lösen zu können, schneidet man die Salzteigverkleidung in zwei Hälften.

Während des Trocknungsvorganges kann sich der Teig zusammenziehen, ohne in Spannung zu geraten und Risse zu bilden.

Wenn die beiden Vasenhälften ganz trocken und ausgekühlt sind, werden sie vorsichtig von der Form genommen.

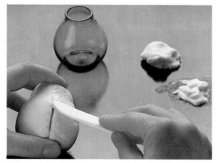

Die beiden Hälften werden durch Schlicker und Salzteig miteinander verbunden und wieder getrocknet.

Das Gestalten von Schalen

Durch Hilfsformen aus Keramik, feuerfestem Material oder ähnlichem, lassen sich entsprechende Modelle aus Salzteig gestalten. Man kann sie teilweise sowohl von innen, als auch von außen verkleiden. Verkleidet man von außen, kann man Muster in die Außenwand des Salzteiges, beispielsweise mit einer Pinzette, kneifen.

Verkleidet man die Form von innen, muß man sehr sorgfältig von der Mitte des Bodens aus den Teig nach außen verteilen, damit keine Lufteinschlüsse zurückbleiben. Der Salzteig löst sich von selbst aus der Form, wenn er ganz trocken ist.

Verschiedene Formen können von innen oder außen mit Teig verkleidet werden. Je nach Modell kann mit einer Pinzette das Korbmuster gestaltet werden.

WICHTIG: Man sollte darauf achten, daß man den Salzteig wieder abstreifen kann. Das geht beispielsweise nicht, wenn der Behälter sich oben *und* unten verjüngt. Der Salzteig-Mantel darf erst nach *vollständigem* Trocknen von der Form entfernt werden.

HINWEIS: Die Teigmischung sollte aus festem Salzteig mit Tapetenkleister bestehen (siehe Rezept).

TIP: Die Hilfsform kann evtl. mit ein wenig Öl bestrichen werden.

HINWEIS: Beim inneren Ausformen entstehen kaum Spannungen im Teig, da sich der Teig seinem Trocknungsgrad entsprechend zusammenziehen kann, was beim äußeren Verkleiden nicht in diesem Maße möglich ist.

Ist der Vasenmantel ausgekühlt, stellt man ihn auf ausgerollten Teig und schneidet den Boden passend aus.

Durch Anschlickern wird der Boden mit dem Oberteil verbunden und wieder getrocknet.

Das Gestalten von Reliefs und Wandbildern

Reliefs (Teil-Plastiken) kann man auf verschiedene Arten gestalten:

Aufbauschema:

1. Das Salzteigbild wird ohne Hintergrund (Grundplatte) modelliert und später auf ein Fremdmaterial aufgeklebt.
   Als Fremdmaterial kann Holz, Kork, Pinnwand oder Stoff verwendet werden.

2. Das Salzteigbild wird auf einen Salzteiguntergrund modelliert.
   Die Grundplatte wird aus festem Salzteig mit Tapetenkleister (siehe Rezept) angefertigt. Das Bild kann – je nach Motiv – aus einfachem, feinem oder geschmeidigem Salzteig gearbeitet werden (siehe Rezepte).

3. Das Salzteigbild wird auf eine fertig gebackene Salzteigkachel modelliert.
   Bei diesem Aufbau sollte zur besseren Haftung angeschlickert werden (siehe Kapitel: »Zusammenfügen von Modellteilen«, S. 11).
   Ein besonderer Effekt entsteht, wenn man beispielsweise die Kachel braun einfärbt und den späteren Aufbau in naturbelassenem Salzteig modelliert.

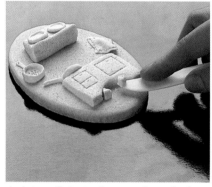

Das fertige Salzteigmodell wird auf eine Korkplatte aufgeklebt.

Auf einer Salzteigplatte wird im gleichen Arbeitsgang weitermodelliert.

WICHTIG: Damit auf der Kachel beziehunsweise auf der Salzteiggrundplatte keine Wasserflecken entstehen, sollten die aufzusetzenden Teile jeweils von der Unterseite befeuchtet werden. Die Salzteiggrundplatte darf keinen Temperaturschock bekommen – sie bricht sonst entzwei.

Zuerst wird die Salzteigplatte gebacken und gebräunt. Nach dem Auskühlen beginnt man mit dem Gestalten des Bildes.

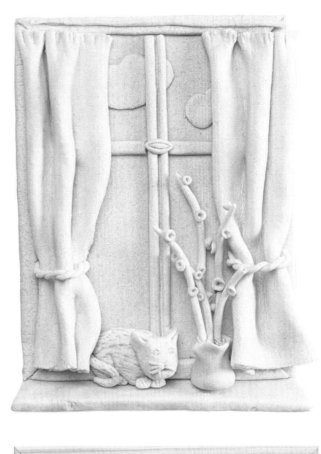

Das Herstellen von Bilderrahmen

Eine Platte (fester Teig mit Tapetenkleister
– siehe Rezept) wird rund, oval oder eckig
hergestellt und gleich mit einem Rahmen
versehen.

Am einfachsten ist der Rahmen für runde
und ovale Platten herzustellen.

Man rollt einen Teigstrang aus, legt ihn um
die befeuchtete Grundplatte und schließt
ihn zum Rahmen. Die beiden Enden sollten
sehr sorgfältig verbunden werden, so daß
man die Nahtstelle nicht so sieht.

Es gibt noch eine andere Art, Rahmen zu
gestalten: Man rollt einen Teigstrang in der
doppelten Dicke, die der Rahmen haben
soll, aus.

Mit einem runden Gegenstand drückt man
eine Hälfte des Teigstranges flach – es entsteht eine Bilderrahmenleiste.

Die Ränder der Platte werden befeuchtet,
und die Leiste wird vorsichtig angesetzt.

Mit einem Modellierstäbchen drückt man
die Leiste am Rand der Platte fest an.

Der dicke Teil ragt über die Platte, der
dünne Teil haftet am Plattenrand.

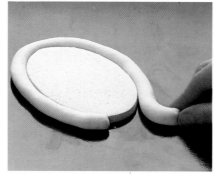

*Um die befeuchtete Grundplatte wird ein
Teigstrang gelegt.*

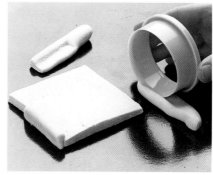

*Der dicke Teil der Bilderleiste ragt über
die Grundplatte, der dünne Teil haftet
am Rand derselben.*

TIP: Man kann Bilderaufhänger, die in verschiedenen Größen angeboten werden,
auf dem Rücken des lackierten Modells mit
Kleber anbringen. (Die Größen richten sich
nach dem Gewicht des Modells.)

*Bilderaufhänger werden in verschiedenen
Größen angeboten. Je nach Gewicht des
Modells wählt man unterschiedliche
Größen aus. Die Tragfähigkeit ist auf der
Verpackung angegeben. Mit Kleber kön-
nen sie auf die fertig lackierten Modell-
rücken aufgeklebt werden.*

Bei eckigen Rahmen kann man zwischen drei Verfahren wählen:

1. Man legt die Leiste wie beim runden oder ovalen Rahmen um die Teigplatte, arbeitet die Ecken ein wenig aus und schließt die Leiste zum Rahmen.

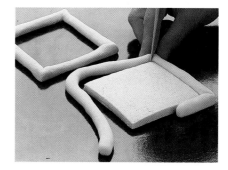

2. Die Leistenstücke werden gerade abgeschnitten und an die Teigplatte angesetzt.

3. Es wird ein Gehrungsschnitt nachgearbeitet, das heißt, die Leiste wird schräg abgeschnitten.

Marmorieren

Verknetet man unterschiedlich gefärbten Teig miteinander, so entsteht dadurch ein Marmoreffekt. Der gemischte Teig wird so lange geknetet, bis die gewünschte Maserung entstanden ist.

TIP: Den Teig nicht zu lange kneten, da sonst der Marmoreffekt verlorengeht.

BESONDERE EFFEKTE:

Auf den ausgerollten Teig tropft man verschiedene Lebensmittelfarben und rollt ihn auf. Nun kann man dünne oder dicke Scheiben abschneiden. Durch Drücken oder Ziehen mit den Fingern kann man schöne Farbmuster entstehen lassen.

Auf den ausgerollten Teig werden einige Tropfen Lebensmittelfarbe getropft.

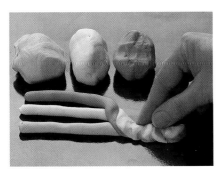

Unterschiedlich farbige Teige werden miteinander verknetet.

Der Teig wird zusammengerollt und in Scheiben geschnitten, um dann durch Ziehen oder Drücken Farbmuster entstehen zu lassen.

WICHTIG: Beim Arbeiten mit buntem Teig müssen die Hände besonders oft gewaschen werden, damit die einzelnen Farben in ihrer Reinheit erhalten bleiben.

Herzförmige Schale

Für die Formgebung wird eine entsprechende Schale verwendet, die als Stütze dient. Nach dem vollkommenen Austrocknen wird der Salzteig von der Form getrennt.

Perlenkette

Aus marmoriertem Teig werden kleine Kügelchen gerollt und mit einem in Mehl eingetauchten Zahnstocher von beiden Seiten durchstochen.
Die Perlen werden auf den Zahnstochern erst so lange luftgetrocknet, bis sie ihre Form behalten (etwa 2 Stunden), dann von den Zahnstochern wieder heruntergenommen und im Ofen getrocknet.
Zum Lackieren werden die Perlen wieder auf die Zahnstocher aufgesetzt.

HINWEIS: Die Zahnstocher kann man sehr gut in ein altes Stück Mosy oder ähnliches stecken, damit die Perlen nicht herunterfallen.

WICHTIG: Bei gefärbtem Teig darf die Temperatur im Backofen 120°C nicht überschreiten, da die Farben sonst unansehnlich werden.

HINWEIS:
Der Teig für diese Schale besteht aus festem Teig mit Tapetenkleister (siehe Rezept).

Die Perlen werden mit einem bemehlten Zahnstocher von zwei Seiten durchstochen.

Zum Trocknen werden die Perlen auf die Zahnstocher gespießt und in Mosy gesteckt.

Der Aufbau von Figuren

Man formt einen dicken, langen Teigstrang für den Rumpf und die Beine. Für die Beine schneidet man ein Stück des Teiges ein.

Die Beine können rund geformt werden, eventuell schneidet man etwas Teig ab, wenn die Beine zu dick sind.
Der Kopf wird aus einer dicken Teigkugel geformt und angesetzt.

Dann kann das Bekleiden der Puppe beginnen (siehe Kapitel: »Schnittbögen herstellen«, S. 35). Die Reihenfolge der einzelnen Bekleidungsstücke muß beachtet werden.

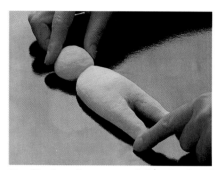

Der Kopf wird aus einer dicken Teigkugel geformt und angesetzt.

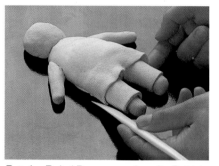

Bei der Relief-Puppe werden die Bekleidungsstücke seitlich an den Körper angelegt.

Haare modellieren

Die Haare kann man unterschiedlich herstellen: Je nach Größe des Kopfes und der gewünschten Frisur kann man aufgerauhte Teigstücke (als Lockenkopf) verwenden, feine Haarsträhnen mit einem Teesieb, gröbere mit einer Knoblauchpresse formen, oder man fertigt sich vom Umfang der Frisur einen Schnittbogen an.
Der Teig wird dünn ausgerollt, die Haarfläche ausgeschnitten und der Scheitel markiert.
Nun werden zum Scheitel hin feine Haarsträhnen eingeschnitten, wobei die Haarspitzen *ganz* durchgeschnitten werden, um später schöne Strähnen zu legen.

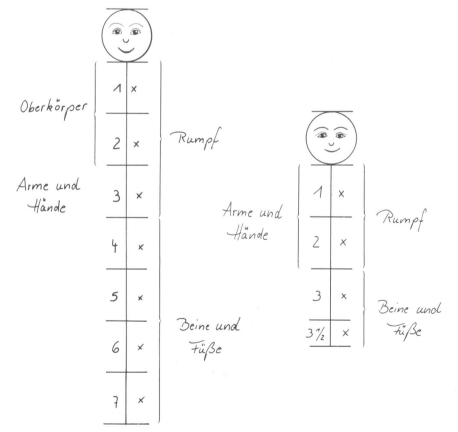

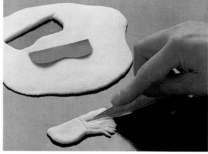

Das gerade geschnittene Randstück wird am Hinterkopf angelegt. In die vordere Vertiefung kann ein Pony angepaßt werden.

*Man kann Puppen in verschiedenen Proportionen gestalten:
Die linke Zeichnung zeigt eine Proportion, bei der der Kopf siebenmal in den Körper paßt. Dieses Größenverhältnis eignet sich besonders gut für »erwachsene« Figuren, beispielsweise den Vagabund.
In der rechten Zeichnung ist eine Proportion angegeben, bei der der Kopf dreieinhalbmal in den Körper paßt. Dieses Verhältnis kann für kleinere »Salzteigpuppen und -kinder« verwendet werden.*

Schnittbögen herstellen

Es ist vorteilhaft, wenn man weiß, wie man selbst die Garderobe seiner Puppen herstellen kann und somit seinen Puppen eine ganz persönliche Note gibt.

Je nach Aufbau kann man mit der Unterwäsche anfangen und die Puppe dann weiter nach oben anziehen. Wenn man Körper, Kopf, Arme und Beine modelliert hat und mit der Bekleidung beginnen will, kann man mit Hilfe von *Pergamentpapier* die einzelnen Schnitte herstellen:

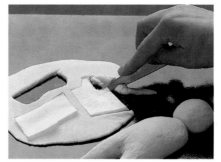

Das Pergamentpapier legt man dann auf dünn ausgerollten Teig und schneidet ihn aus. Auf diese Weise kann man die ganze Puppenfamilie anziehen – jede Figur auf eine andere Art. So wird man nebenbei noch zum (zur) »Salzteig-Schneider(-in)«.

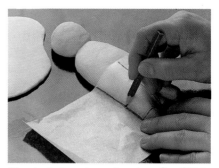

Man legt ein entsprechend großes Stück Pergamentpapier auf das Modell und schneidet es mit einer kleinen Schere passend.

Der Vagabund hat viele schöne Einzelteile.

Durch die Farbgebung wirkt dieser Sandmann besonders freundlich.

Der Aufbau von Skulpturen

Eine langwierige, aber effektvolle Arbeit ist es, Skulpturen aus Salzteig herzustellen. Da der Salzteig ein schwerer Teig ist, der ab einer bestimmten Höhe (etwa 6 cm) durch das Eigengewicht keine Form halten kann, muß dieser Nachteil durch zwei andere Arbeitsweisen ausgeglichen werden:

1. Siehe die Anleitung im Kapitel »Das Herstellen von Stützhütchen«, S. 25.

2. Man stellt die Modelle zunächst halbseitig her, das heißt:
Man modelliert beispielsweise wie gewohnt eine Puppe von der vorderen Seite her. Dabei muß man berücksichtigen, daß später der Rückenteil weitermodelliert wird. Das Vorderteil der Puppe wird nach der üblichen Methode getrocknet. Ist sie dann ganz trocken und ausgekühlt, wird die fehlende hintere Hälfte der Puppe anmodelliert.

WICHTIG: Die fertige Modellhälfte legt man zum Weitermodellieren auf ein dickes Handtuch-Polster, damit nichts beschädigt wird, beziehungsweise damit keine Teile abbrechen.

Beim zweiten Arbeitsgang muß man zuerst die Modellränder mit einer Feile bearbeiten und die fehlenden Partien in der Grobstruktur aufmodellieren.
Die Übergangsstellen von den getrockneten zu den frisch modellierten Teilen müssen sehr sorgfältig bearbeitet werden.

Die Bekleidung wird vom Körper weg freistehend modelliert.

Mit einer Feile werden die Ränder bearbeitet.

Bevor die Kleidung angelegt wird, baut man die Figur fertig auf.

Die Übergangsstellen werden nahtlos beimodelliert.

HINWEIS: Auf die Reihenfolge der Bearbeitung achten!
Beispielsweise dürfen die Haare erst angelegt werden, wenn der Kragen modelliert ist.

TIP: Die Balance wird durch die Schuhe ausgeglichen wenn der Heinzelmann fertig getrocknet ist.

Wie gut man bei Salzteigmodellen Gesichter modellieren kann, sieht man an diesem kleinen Buddha. (Höhe: 7 cm)

Nachtwächter »Benjamin«

Vom Umgang mit Pflanzen

Wirklich nur Unkraut?
Schaut man sich einmal intensiv die Weg- und Waldränder an, was am und auf dem Felde wächst, so findet man leicht Dekoratives für Salzteigmodelle.
Wer kennt beispielsweise die Flockenblume, das aufgeblasene Leimkraut, das Acker-Täschelkraut oder den Wasser-Braunwurz? Auch als Großstädter hat man genügend Möglichkeiten, dekorative Pflanzen das ganze Jahr über zu sammeln.
Je nach Jahreszeit sammelt man Blüten, Gräser, Frucht- oder Samenstände.

WICHTIG: Wenn man in der freien Natur sammelt, sollte man unbedingt darauf achten, daß man *keine geschützten, gefährdeten* oder *giftigen* Pflanzen pflückt!

Wer einen Garten besitzt, kann sich gezielt Strohblumen, bestimmte Gräser, Schleierkraut usw. pflanzen, um sie später auf irgendeine Weise für dekorative Zwecke zu verwenden.
Viele Blumen kann man trocknen, pressen und je nach Anlaß mit Gold besprühen.

HINWEIS: Braune Pflanzen können gleich beim Modellieren mit in das Modell eingearbeitet werden. Helle oder bunte Pflanzen leiden unter der Hitze des Backofens. Es ist deshalb günstiger, sie nach dem Backvorgang am Modell anzubringen.

Trocknen

Es gibt viele Möglichkeiten, Blumen, Gräser, Frucht- oder Samenstände zu trocknen oder zu konservieren. Man hängt z. B. die Pflanzen gebündelt, mit dem Kopf nach unten, an einen dunklen, luftigen Platz.

TIP: Wenn man die Pflanzen bündelt, sollte man einen Gummiring verwenden, da dieser sich dem Trocknungsgrad der Stiele anpaßt.

Man kann statt einige Wochen an der Luft zu trocknen auch in kurzer Zeit im Backofen seine gesammelten »Schätze« trocknen.
Dazu legt man sie – je nach Art der Pflanzen – auf einem Backblech einzeln nebeneinander (beispielsweise Gräser, große Blätter) oder verwendet ein Kuchengitter oder Hasendraht und steckt die Blumen mit den Stielen nach unten durch, so daß die Köpfe auf dem Gitter aufliegen und die Stiele senkrecht nach unten hängen.

Schafgarbe

Wilde Malve

Bachnelkenwurz

Mohn

Wasser-Braunwurz

Aufgeblasenes Leimkraut

Trauben hyazinthe

Acker-Täschelkraut

Flockenblume

Ackerkratzdistel

Verschiedene Naturmaterialien, die sich gut für die Dekoration von Salzteigobjekten verarbeiten lassen.

38

Bei schwacher Temperatur (60°C) sind die Blumen in etwa 30–40 Minuten getrocknet – je nach Beschaffenheit.

HINWEIS: Man sollte immer zwischendurch einen Blick in den Ofen werfen und den Trockenvorgang überprüfen.

Mit verschiedenen Hilfsmitteln können Trockenblumen an Salzteigmodellen befestigt werden.

Einfärben

Möchte man Gräser, Mohnkapseln usw. *bleichen,* hängt man sie in die pralle Sonne. Mit farbigem Sprühlack kann die natürliche Farbe etwas verstärkt werden, oder aber man sprüht die Pflanzen in einer anderen Farbe ein.

Baumkronen können mit Naturalien wie Erlenäpfelchen, Bucheckern und ähnlichem dekoriert werden.

HINWEIS: Welche Pflanzen sich einfärben lassen, muß man ausprobieren.

Manche Pflanzen lassen sich *einfärben.* Man kann dazu Batikfarbe verwenden, die man in Gläser gießt und die getrockneten Gräser oder Pflanzen mit den Köpfen nach unten in das Farbbad hängt. Dabei ist zu beachten, daß die Köpfe nicht auf dem Boden des Glases aufliegen, sondern sich schwimmend im Glas bewegen können. Nach ein paar Tagen kann man die Pflanzen wieder aus dem Farbbad nehmen, trocknet sie vorsichtig mit Küchenkrepp ab und läßt sie mit dem Kopf nach unten an einem dunklen, luftigen Platz trocknen.

TIP: Wer einen Umluftherd besitzt, kann das Trocknen beschleunigen. Bei 60°C dauert der Trockenvorgang etwa 20 Minuten. Speziell für die Gräser ist diese Art sehr günstig, sie werden locker und duftig.

Besprüht man die Pflanzen mit Gold oder anderen Farben, ist es ratsam, einen Schuhkarton oder eine andere kleine Kiste zu verwenden, die man als Farb-Auffangwand hinstellt, um nicht zu viel Farbe in die Gegend zu sprühen.

Für das Goldspray sollte ein Auffangbehälter aufgestellt werden.

Weiterverarbeitung

Die präparierten Pflanzen können mit Hilfe von Knety, Mosy oder ähnlichen Steckmassen auf die Salzteigmodelle aufgesteckt werden.

Je nach Modell kann man auch durch einen Kompaktkleber die Pflanzen zu Gestecken zusammenkleben.

Lackieren

Um die Farben der Pflanzen hervorzuheben, besprüht man sie mit Haarspray. Diesen Vorgang kann man nach einiger Zeit wiederholen, um die Farben aufzufrischen.

Entstauben

Sind die Gestecke mit der Zeit staubig geworden, können sie mit einem Fön wieder entstaubt werden.

Den Fön stellt man auf die kälteste Stufe ein und nähert sich vorsichtig dem Gesteck, damit zarte Gräser nicht durch den Luftstrom verletzt werden.

41

Gestalten mit Naturmaterialien

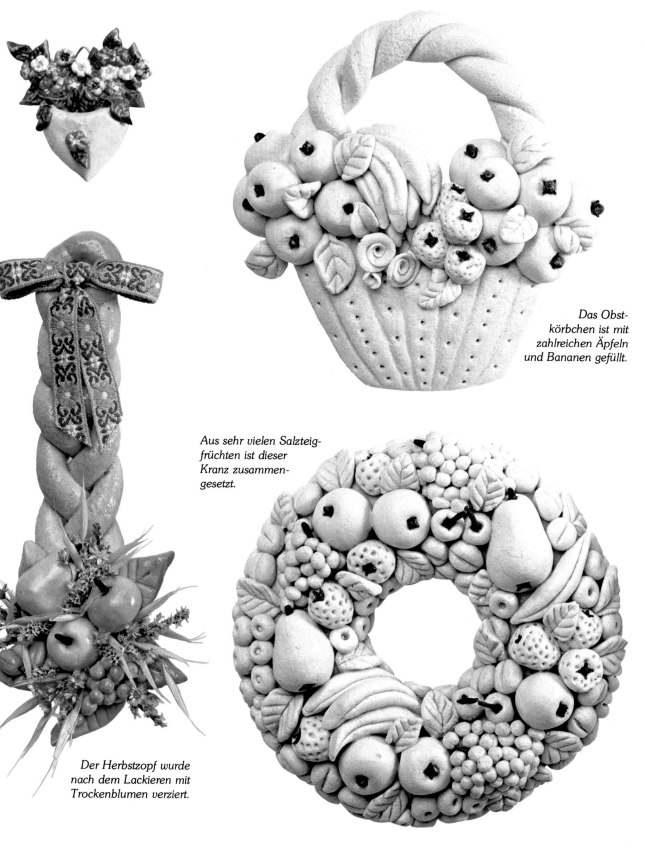

Das Obst-
körbchen ist mit
zahlreichen Äpfeln
und Bananen gefüllt.

Aus sehr vielen Salzteig-
früchten ist dieser
Kranz zusammen-
gesetzt.

Der Herbstzopf wurde
nach dem Lackieren mit
Trockenblumen verziert.

*Bei diesem Mini-Herbstzopf kann man sehr
gut die modellierte Schlaufe erkennen.
Sie besteht aus zwei Teigsträngen,
die miteinander verbunden sind. Der
dritte Teigstrang wurde abgetrennt.*

*Die Grundform des Korbes wird
modelliert, gebacken und lackiert.
Danach werden die Trockenblumen
aufgeklebt und bekommen durch
Haarspray Glanz.*

Moos und Kerne für Blätter, Blüten und Obst

Für diesen üppigen Baum wird zunächst eine dünne Baumkrone modelliert, auf die später das Moos gesetzt wird. Ein Baumstamm wird direkt anmodelliert. Man verwendet am besten gleich eingefärbten Teig, dann kann man sich das Bemalen ersparen. Der Baumstamm bekommt mit einem Modellierholz eine Struktur eingeritzt, damit die Rinde echter wirkt. Statt dem hier verwendeten Moos kann man auch getrocknete Blüten, beispielsweise der Schafgarbe, verwenden.

45

Blumenarrangements aus Salzteig

Bei diesem Herz kann
man der Phantasie freien
Lauf lassen. Die Blüten werden
einzeln modelliert und auf ein vor-
geformtes herzförmiges Band aufgereiht.
Dazwischen wird der Teig etwas aufgestochert.
Nach dem Trocknen werden die Blüten bunt bemalt.

Als Farben zum Bemalen
eignen sich sehr gut Gelb-
töne oder Lilatöne, die Ton-in-
Ton abgestuft werden. Bei Gelb kann
man entweder immer etwas mehr Rot beimischen,
bis ein Orange entsteht oder bei Lila mit Deckweiß
immer hellere Töne bis zum zarten Fliederton erreichen.

Ein Florentinerhut

Aus einer Teigplatte, die
in der Mitte durch eine Schale
unterstützt wird, entsteht die Grundform.
Die Ränder werden vor dem Trocknen an den
Seiten leicht angehoben, um dem Hut etwas Eleganz
zu verleihen. Diese Stellen kann man mit Alufolie,

Spritzbeuteltüllen oder beschichteter Tortenpappe unter-
legen. Die eigentliche Verzierung
des Hutes beginnt mit dem Modellieren des
Blütenkranzes und dem Anbringen der Schleife.
Nach dem Auskühlen kann die Bemalung beginnen.

Ein Salzteigzoo in Braunweiß

Zuerst wird die Salzteigplatte hergestellt und fertig gebacken. Nach dem Auskühlen kann man mit der Bildgestaltung beginnen. Dazu wird für das Dach ein Gerüst angebracht. Für jede Dachschindelreihe wird ein Teigstrang gelegt, auf dem die vorgetrockneten Schindeln angebracht werden. Man ordnet sie von unten nach oben reihenweise an. Den Kater modelliert man aus braunem Teig oder malt ihn mit Wasserfarben an. Den »Eheknoten« simuliert man aus technischen Gründen.

Für das Schwein wird naturbelassener Teig verwendet. Die Nasenlöcher werden mit einem Schaschlikspieß eingedrückt.

Man modelliert diesen Elefant aus Weizenteig und mit Kaffee eingefärbtem Teig. Die meisten Teile werden aus Teigrollen geformt. Der Drahtaufhänger wird beim Modellieren in den Kopf gesteckt.

Der Korb dieser kleinen Katzenfamilie wird aus gefärbtem Teig modelliert. Die Katzenmutter und ihre Jungen sind mit Wasserfarben bemalt.

Dem kleinen Eich-
hörnchen wird ein
schöner, dicker,
braungefärbter
Schwanz modelliert.
Das Nüßchen und die
Hände heben sich
durch die Braun-
färbung ab.

Aus einer Salzteigrolle formt man
das Fenster. Die Eulen werden teilweise mit gefärbtem Teig gestaltet.
Der Fensterbogen wird durch das
Backen gebräunt.

Ein Koalabär läßt sich besonders
schön gestalten. Aus zwei dicken
Teigkugeln besteht der Körper
dieses kleinen Teddybärs.

49

Eulen und ein Käuzchen

Für alle Eulen-Liebhaber
sind diese Modelle gedacht.
Wie unterschiedlich Eulen gestaltet
werden können, zeigen diese
Beispiele. Ein Käuzchen hat sich
zu den Sumpfohreulen
gesellt.

*Den Eulen wird beim Gestalten
ein Buchenzweig auf den unteren
Bauchteil gelegt, der durch die
Krallen gehalten wird.*

HINWEIS:
Um die zarten Federn
nicht zu verletzen, sollte
man die Eulen nur seitlich
an den Augen anfassen. – Einen
farblichen Effekt kann man
durch unterschiedliche Ein-
färbungen erreichen.

Masken aus Salzteig

Masken können ganz unterschiedlich gestaltet werden. Aus einem großen, dicken Teigstück können die markanten Stellen wie Nase, Augenhöhlen, Wangen, Lippen und Kinn grob herausgearbeitet werden. Durch Aufsetzen von Teigstücken und Beimodellieren bekommen die Gesichtszüge ihren speziellen Ausdruck. Man kann die so entstandenen Masken im Backofen bräunen oder bemalt sie mit Wasserfarben. Nun können noch kleine Verzierungen angebracht werden, beispielsweise eine dicke Bommel an die Mütze heften oder Trockenblumen an den Hut stecken.

Beim Bemalen mit Wasserfarben können die Wangen besonders gut farblich verwischt werden. Es entsteht dadurch ein guter Übergang zur Hautfarbe. Für die Augen sollte statt Schwarz ein Braunton gewählt werden. Lachfalten und ähnliches werden mit einer dunkleren Tönung gekennzeichnet.

Deftige Bauernfiguren

Ein dekoratives Bauernpaar, das farblich aufeinander abgestimmt ist, schmückt jede rustikale Einrichtung. Besonders kunstvoll ist bei der Bäuerin die Gretchen-Frisur gearbeitet worden. Beide Figuren werden mit Trockenblumen versehen.

Bei der Bemalung dieser Figuren ist es wichtig, daß die Farbe gut deckt. So wirken die Teile kompakter und massiger. Dieser Effekt wird noch verstärkt, wenn man die Figuren mehrmals lackiert. Jede Lackschicht muß vor dem nächsten Anstrich gut getrocknet sein.

53

Figuren wie aus dem Märchen

Mit Salzteig lassen sich sehr schöne Bilder, beispielsweise aus der Märchenwelt gestalten, wie man an dieser Mühle sieht.

Besonders beim Basteln mit Kindern regen Themen aus der Märchenwelt die Phantasie an, die die Kinder dann beim Modellieren kreativ umsetzen können.

Zuerst wird bei dieser Szene die Mühle und dann der Müller geformt. Anschließend wird das Getreidefeld aus zwei Rechtecken mit einem spitzen Messer strukturiert.

Beim Wichtelmännchen-
bild wird zuerst das Pilzhaus
gestaltet: die Tür mit dem
Türgriff, dem Briefkasten, dem
Käferchen und dem Schornstein.
Danach wird das Wichtelmännchen
modelliert. – Der Garten entsteht
auf einer Teigrolle, die unter das
Haus gelegt und mit Blumen
verziert wird. Zum Schluß
werden die vielen kleinen
Einzelteile geformt.

Max und Moritz, diese beiden,
mögen alle Kinder leiden. Die
bunten Farben werden schön
deckend aufgetragen.

Der Mund ist hier ein nach oben
gebogener Strich, bei dem die
Mundwinkel gekennzeichnet
sind.

Eine Figurengalerie

Ein Kinderausflug mit Windrädchen, Teddybär und Püppchen läßt sich wunderschön auf einem Holzbrett festhalten. Die Figuren werden dazu einzeln modelliert, gebacken und bemalt. Der Baum bekommt seine Krone auch erst nach dem Trockenvorgang aufgeklebt. Das kleine Vögelchen wird zum Schluß in die Baumspitze gesetzt.

Für eine Großmutter mit Strickzeug verwendet man Zahnstocher als Nadeln. Sie können mitgebacken werden.

*Die beiden ernsten Herren –
ein Zahnarzt und ein Rechts-
anwalt – lassen sich auch aus
Salzteig sehr gut darstellen.
(In Freiburg tragen manche
Zahnärzte grüne Kittel in der
Praxis.)*

Figuren auf Medaillons

Figuren mit Stoff kombiniert

Eine kleine Puppenmoden-
schau zeigt, wie unterschiedlich die Bekleidung sein kann.
Man muß nicht immer die Figuren mit
Salzteigkleidern anziehen. Kleine Stoffreste
reichen oft aus, um Röckchen, Blüschen,
Höschen und ähnliches zusammen-
zustellen. Bekleidet werden
die Figuren erst, nachdem
die Bemalung beendet ist.

*Die Köchin bekommt eine
Schürze aus Spitze, um den Kopf
wird ein Tuch geschlungen, das
man auf der Stirn knotet.*

*Das blaue Kleidchen dieser Figur
wurde aus Stoff ausgeschnitten
und dann aufgeklebt. Für den
Rock werden dazu Falten gelegt.
Als Gürtel dient eine Samtschleife.*

Die Teigplatten für diese Medaillons stellt man her, indem man dünn ausgerollten Teig aussticht. Dafür kann man Plätzchenförmchen, aber auch ein Glas oder eine Tasse verwenden.

Der Roller wird
mit dünnen Teigwürsten nur angedeutet.

Alle Kleidungsstücke
bei diesem lesenden Jungen werden
einzeln modelliert und der vormodellierten
Figur dann angezogen.

Auf das dunkelblaue Samtkleid setzt man eine weiße Spitze. Diese hebt sich schön von dem Untergrund ab und läßt das Püppchen festlich wirken. Weiß gemalte Strümpfe verschönern den Sonntagsstaat.

Echter Jeansstoff und ein Ringelpulli geben diesem Buben den besonderen Pfiff. Auf die Hose werden zwei Herzchentaschen gesetzt, die ebenso rot sind, wie die Wangen.

Frei stehende Gegenstände

Ein Kachelofen aus Salzteig

Die Gestaltung des Kachelofens und der vielen Details, ist eine lange aber schöne Arbeit. Zuerst stellt man den Ofen-Rohling her. Mit einem runden Förmchen kann die Ausbuchtung für die Holzscheite vorgenommen werden. Aus groben Teigstücken gestaltet man den Rauhputz. Mit einem Messer werden Rillen für die Kacheln eingeschnitten. Die runden Kachelscheiben werden einzeln modelliert und auf die Kacheln gelegt.

Die runden Kachelscheiben werden einzeln modelliert und genau in die Kachel-linien eingepaßt.
Die Vase wird um einen Schaschlikspieß modelliert und ist dadurch hohl.

Mit viel Geschick kann man auf dünnen Zahnstochern einen Minischal stricken.

Die Holzscheite werden aus Salzteig geformt.

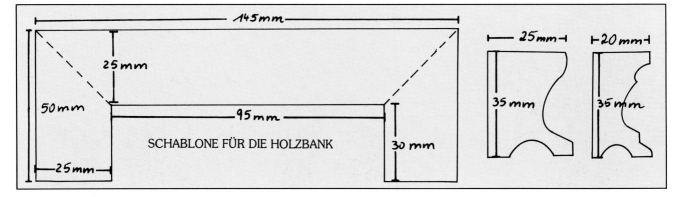

SCHABLONE FÜR DIE HOLZBANK

145 mm

25 mm

50 mm

95 mm

30 mm

25 mm

25 mm

35 mm

20 mm

35 mm

Ein sitzender Junge mit Schirm

Schon immer war es ein Bedürfnis des Menschen, den menschlichen Körper aus formbaren Materialien nachzubilden. Skulpturen aus Salzteig zu modellieren, ist eine ganz neue Möglichkeit. Die Autorin hat dazu verschiedene Techniken entwickelt, wie man sie beispielsweise an diesem Nachtwächter sehr schön erkennen kann.

Der Stock vom Schirm muß mit Draht oder einem Zahnstocher verstärkt werden.

Nachtwächter »Benjamin«

Der Nachtwächter wird in vielen Arbeitsgängen gestaltet. Man fängt mit dem Modellieren der Vorderseite an und trocknet sie. Dabei ist zu beachten, daß der Arm gut abgestützt wird. Der Aufbau ist im Kapitel »Der Aufbau von Skulpturen« (S. 36) beschrieben. Den Hut paßt man erst an, wenn die Figur von beiden Seiten fertig modelliert und getrocknet ist. Aus einem Schaschlikspieß entsteht die Hellebarde, deren Spitze aus Salzteig geformt wird.

Von hinten ist die Skulptur genauso exakt geformt wie von vorne. Die Kleidungsstücke wurden einzeln aufgesetzt.

Die Laterne wird aus Pappe und Transparentpapier gebastelt. Der Bügel ist aus Silberdraht geformt.

Gürtel und Tasche werden getrennt modelliert. Die Schnalle und der Taschenrand werden mit Silberbronze bemalt.

Einzeln modelliert und dann kombiniert

Bei diesem Alphabet hat jedes Salzteigteilchen seine besondere Bedeutung: In jedem Kästchen ist ein Gegenstand angebracht, dessen Anfangsbuchstabe mit einem Buchstaben aus dem Alphabet übereinstimmt. Als Untergrund wird eine dünne Holzplatte verwendet, die mit einer Leiste eingefaßt wird. Die einzelnen Kästchen werden noch einmal gleichmäßig mit dünnen Leisten oder mit Strichen abgeteilt. Die einzelnen Teile müssen sehr fein gearbeitet werden. Daher verlangt dieses Objekt viel Zeit und Geduld.

Wenn die Salzteiggegenstände nicht angeklebt werden, können Kinder diese Tafel auch zum Spielen benutzen. Wer hat zuerst fünf Teile an die richtige Stelle gesetzt?

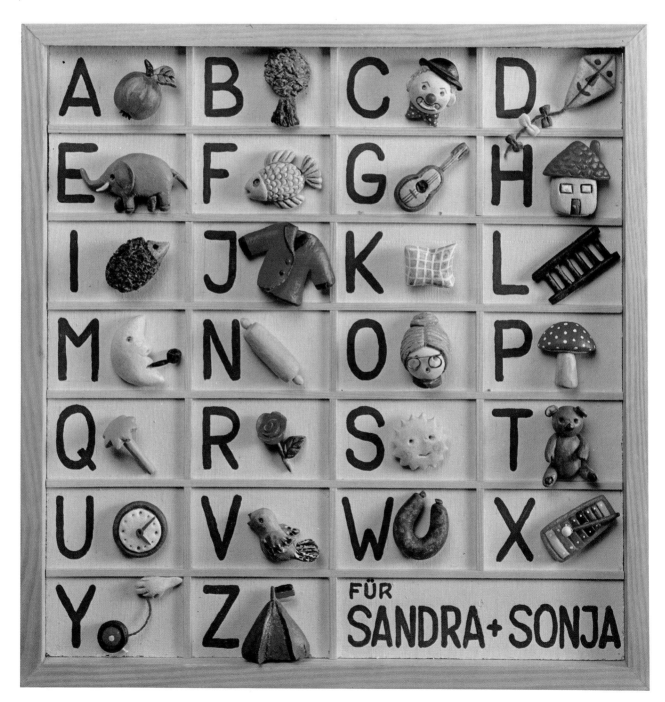

Ein Wandbild mit plastischen Figuren

Das Apfelbaum-Bild vereint sowohl die Relief- und die Vollplastikgestaltung. Der Baum und das Mädchen sind als Reliefs modelliert, während der Junge auf der Leiter als Skulptur oder Plastik geformt wurde. Der Rasen ragt als Fläche aus dem Bild heraus.

Für den Baumstamm und die Astgabelungen wurde ein echter Ast eingearbeitet, bei dem zuvor die Rinde geschält wurde. Weitere Naturalien in diesem Bild wurden für das Nest, das Futter im Schnabel von Mutter Amsel und die Blümchen auf der Wiese verarbeitet. Das Hüpfseil des Mädchens besteht aus einer Baumwollschnur.

Zuerst gestaltet man den großen Baum, das Rasenstück und die Leiter. Das kleine Mädchen und ein Teil des Jungen werden als nächstes modelliert. Anschließend werden der Korb und die Äpfel geformt. Nach der Bemalung wird das Bild zusammengestellt.

Das Nest wird aus Gräsern gebaut und im feuchten Salzteig befestigt. Die Salzteigschnäbel schneidet man mit einer spitzen Schere.

Der Junge wird wie im Kapitel »Skulpturen« beschrieben geformt.

Der Apfelkorb wird plastisch modelliert. Das Korbmuster erreicht man, indem man mit der Pinzette in den noch feuchten Salzteig eindrückt.

Ein Zwergenbild mit Rahmen

Das Bild wird nach Maß des Rahmens gestaltet, der aber erst nach dem Trocknen angepaßt wird. Die Bank wird aus Holz ein-gearbeitet und das Zwerglein dar-auf modelliert. Nachdem der Gar-tenzaun und die Sonnenblumen gestaltet sind, können die Pilze mit der Igelin darauf plaziert werden. Wenn das Bild fertig getrocknet ist, wird die Baumkrone über den Rahmen geformt.

Eine Blumenfrau auf einer Holzplatte

Als Untergrund für dieses
Bild mit der Blumenfrau ver-
wendet man am besten ein Holzbrett,
z. B. ein rundes Frühstücksbrettchen.
Die fertig modellierte, bemalte und lackierte
Figur klebt man dann auf das
Brett und setzt Trockenblumen,
Moos oder sonstige Naturmaterialien
zu ihren Füßen auf. Natur- und Grüntöne
wirken für die Bemalung der Kleidung am besten.

Salzteigbilder mit und ohne Rahmen

Mit Salzteig lassen sich schöne Bildchen gestalten. Man kann beispielsweise eine Keramikkachel als Hintergrund verwenden, oder man malt eine Landschaft auf Papier und befestigt einen Salzteigbaum darauf. Salzteigkacheln werden mit einem festen Teig mit Tapetenkleister hergestellt. Ob man auf die Kacheln gleich modelliert oder erst auf die getrockneten, hängt vom Motiv ab. Auch rustikale Borten lassen sich gut kombinieren.

Festliche Gegenstände

Mit so einfachen Mitteln kann man eine so große Wirkung erzielen: Für die Fensterbalken wurden einfach Salzteigwürste verwendet.

Curt + Susanne

Kleine Anhänger können mit goldbesprühten Trockenblumen verziert werden. Die Bemalung mit Gold darf erst nach dem Lackieren erfolgen, da das Gold sonst oxydiert.

Das dünne Pendel bei dieser Uhr braucht eine Verstärkung, damit es nicht bricht. Man kann einen Zahnstocher oder Draht einarbeiten.

Salzteigschmuck

Geformten Draht für Ohrringe erhält man im Bastelgeschäft.

In die Teigplättchen der Ohrringe wird eine Silberdrahtschlaufe eingearbeitet, durch die der Ohrringdraht gezogen wird.

Die kleinen Elefantenpailletten werden in den feuchten Teig gedrückt. Man darf diese Schmuckstücke nur bei schwacher Temperatur oder an der Luft trocknen.

Für ovale Broschen gibt es Verschlüsse, die auf einer Metallscheibe befestigt sind.

Die kleine Schmetterling-Scheibe wurde nach der Fertigstellung auf die kleine Platte am Nadelkopf geklebt.

Anhänger aus Salzteig kann man sehr gut mit Silberdraht und Glasperlen ergänzen. Die Silberdrahtkette wird mit einer Rundzange geformt.

Die kleinen Broschen bekommen nach der Fertigstellung einen Broschenverschluß auf die Rückseite geklebt.

Die Salzteigperlen werden mit gebogenem Silber- oder Messingdraht zu einer Kette zusammengefügt.

Viereckige Perlen können zu einem Armband verarbeitet werden. Man zieht eine Gummischnur durch die Perlen und verknotet sie.

Aus marmoriertem Teig können diese Anhänger hergestellt werden. Dazu wird der bearbeitete Teig dünn ausgerollt und ausgestochen.

Je nach Größe der Salzteigperlen kann man auch zwei Löcher in die Perlen stechen. Bei der Fertigstellung zieht man dann zwei parallel verlaufende Gummischnüre durch.

Für diese Blumenbroschen stellt man kleine Bilderrahmen her und klebt gepreßte Blümchen darauf. Die Farbe des Rahmens wird mit den Blüten abgestimmt.

Freudige Ereignisse

SONJA

17-9-1980
2740 g
47 cm

Ein Klapperstorchbild mit persönlichen Daten ist ein besonders schönes Geschenk. Die Daten wurden auf Folie geschrieben.

ALEXANDER
17-6-1979

11.45 h, 2250 g, 47 cm

Zur Erinnerung
an das große Ereig-
nis kann man den Paten
solch ein Bildchen schenken.
Die Decke wird durch eingedrückte
Spitze strukturiert.

Hier drückte die einjährige
Stella ihr Händchen in den
Teig. Für später ist das
eine schöne Erinnerung.

Susi schaut mit ihrem
Baby-Püppchen ganz
versonnen in die
Gegend. Sie fühlt sich
in ihrer Mutterrolle
recht wohl.

Österlicher Festtagsschmuck

Auch Gießformen, die in Bastelgeschäften erhältlich sind, können für Salzteig verwendet werden. – Besonders für kleine Anhänger sind diese Formen geeignet.

Das Osternest wird aus einer Teigkugel gestaltet, in die man ein Ei hineindrückt. – Günstig ist es, wenn man ein Gips- oder Plastikei verwendet. Das Gras wird aus Teigstückchen aufgesetzt.

»Bugs Bunny« lädt zum Frühstück ein. – Der Hase wird auf ein Stützhütchen aufgebaut und in mehreren Arbeitsgängen gestaltet. Der Eierbecher wird erst geformt und getrocknet, bevor die Arme und Beine um ihn herum modelliert werden.

Die schönen Ostereier ergänzen hier die Salzteigmodelle. Sie wurden von einer Künstlerin mit Bienenwachs bemalt. Das obere Ei ist ein Negativ, das rechte und linke Ei wurden im Farbbad fertiggestellt.

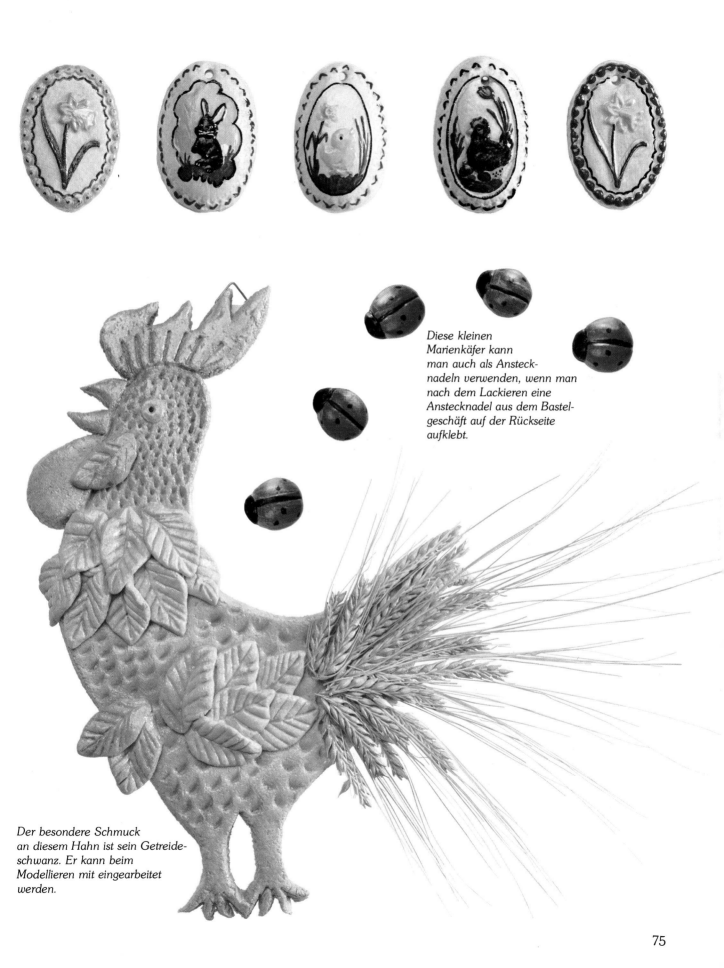

Diese kleinen
Marienkäfer kann
man auch als Ansteck-
nadeln verwenden, wenn man
nach dem Lackieren eine
Anstecknadel aus dem Bastelgeschäft auf der Rückseite
aufklebt.

Der besondere Schmuck
an diesem Hahn ist sein Getreide-
schwanz. Er kann beim
Modellieren mit eingearbeitet
werden.

Der Weihnachtsmann kommt

Für Christbaumanhänger, Kerzenständer, Medaillons, auf denen Engelchen oder ein Nikolaus befestigt werden, kann man zum Modellieren und Ausstechen viele Hilfsmittel aus der Küche verwenden. Kleine Förmchen, die man auch für das Backen benutzt, können für die Bastelarbeiten eingesetzt werden. Mit einem Schaschlikspieß oder einem Marzipankneifer kann man schöne Muster herstellen.

Weihnachtliche Modelle bekommen einen festlichen Glanz, wenn man die Ränder mit Gold- oder Silberbronze bemalt.

Der sitzende Engel auf der Wolke wird in mehreren Arbeitsgängen gestaltet. Zuerst formt man die Wolke und setzt die Beine des Engels darauf. Wenn dieser Grundaufbau getrocknet ist, wird in die Höhe gearbeitet. Auf ein Stützhütchen werden Körper und Kopf aufgesetzt und fertigmodelliert.

Einen Strohstern kann man
mit ganz kleinen Strohblüm-
chen und einem Salzteigstern
verzieren.

Durch »Glimmer« wirkt dieser
ausgestochene Tannenbaum
besonders schön. – Glimmer
erhält man speziell in der
Faschingszeit schon mit flüs-
sigem Kleber vermischt.

Mit einem Sack voll Spielsachen
kommt dieser Nikolaus ins Haus.
Da wird sich kein Kind vor Angst
verstecken. Vielleicht bastelt man mit
Kindern zusammen diesen großen Nikolaus.
Besonders das Modellieren der Spielsachen wird den Kindern Freude bereiten.

Das Schaukelpferd wird nach der Schablone ausgeschnitten. Die Ränder werden geglättet. Die Gestaltung der vielen kleinen Details kann beginnen.

Mit Pfefferkörnern oder Nelken kann man hübsche Verzierungen auf weihnachtlichem Salzteiggebäck anbringen: einfach in den feuchten Teig eindrücken und mitbacken.

Für diesen Kringel wird zunächst mit einem Förmchen eine runde Platte ausgestochen. Aus deren Mitte nimmt man, z. B. mit einem Fingerhut, ein kreisrundes Stück Teig heraus.

Schablonen

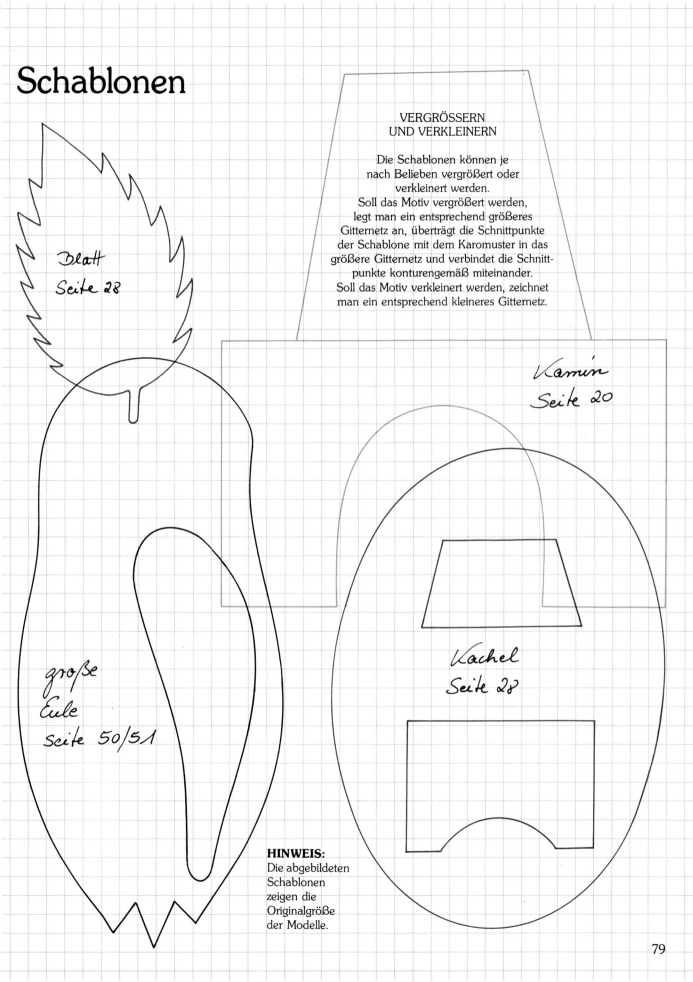

Blatt
Seite 28

VERGRÖSSERN UND VERKLEINERN

Die Schablonen können je
nach Belieben vergrößert oder
verkleinert werden.
Soll das Motiv vergrößert werden,
legt man ein entsprechend größeres
Gitternetz an, überträgt die Schnittpunkte
der Schablone mit dem Karomuster in das
größere Gitternetz und verbindet die Schnittpunkte konturengemäß miteinander.
Soll das Motiv verkleinert werden, zeichnet
man ein entsprechend kleineres Gitternetz.

Kamin
Seite 20

große
Eule
Seite 50/51

Kachel
Seite 28

HINWEIS:
Die abgebildeten
Schablonen
zeigen die
Originalgröße
der Modelle.

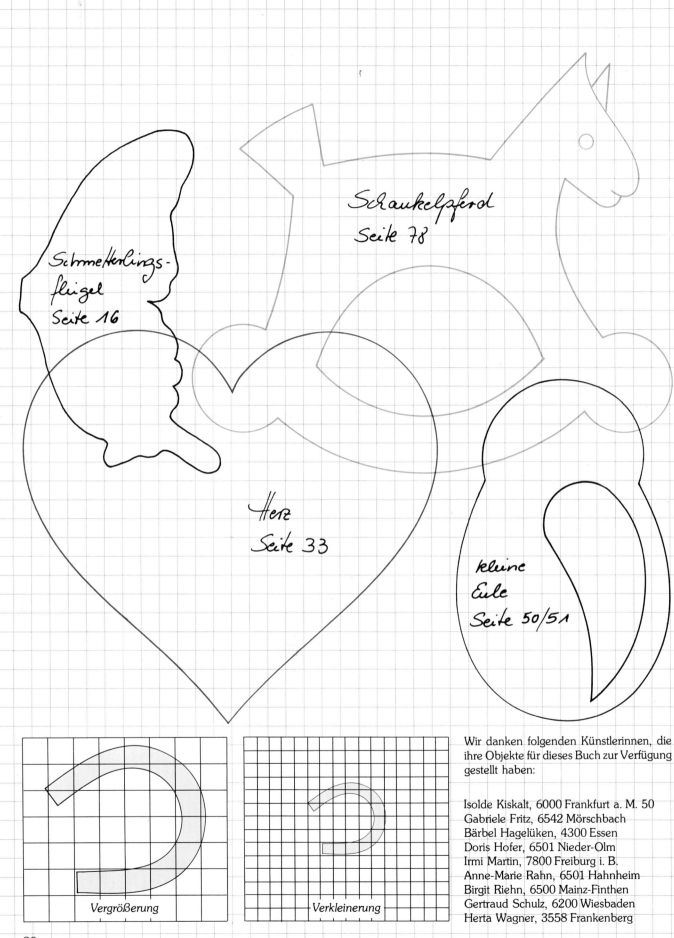

Schmetterlings-
flügel
Seite 16

Schaukelpferd
Seite 78

Herz
Seite 33

kleine
Eule
Seite 50/51

Vergrößerung

Verkleinerung

Wir danken folgenden Künstlerinnen, die ihre Objekte für dieses Buch zur Verfügung gestellt haben:

Isolde Kiskalt, 6000 Frankfurt a. M. 50
Gabriele Fritz, 6542 Mörschbach
Bärbel Hagelüken, 4300 Essen
Doris Hofer, 6501 Nieder-Olm
Irmi Martin, 7800 Freiburg i. B.
Anne-Marie Rahn, 6501 Hahnheim
Birgit Riehn, 6500 Mainz-Finthen
Gertraud Schulz, 6200 Wiesbaden
Herta Wagner, 3558 Frankenberg